Inhaltsverzeichnis

Borderline - Was ist das?   2

Lebenslange Traumatisierung und die Bedeutung von Stress   3

Selbstschädigende Verhaltensmuster   9

Entstehung der Symptome   13

Erwachsen werden heilt   18

Der große ‚Aha'-Effekt   23

Nachwort   27

Borderline - Was ist das?

„Die bekanntesten Symptome sind das „Schneiden", also das selbstverstümmelnde Einritzen der Haut, (...), sowie eine Verhaltensauffälligkeit, die mit „Ich liebe dich, ich hasse dich" beschrieben werden kann...(...)

Borderliner

(1.) sind überdurchschnittlich intelligent, fühlen sich aber stets intellektuell unterschätzt

(2.) wurden in der Kindheit extrem misshandelt (psychisch und/oder körperlich) und

(3.) werden von ihren Mitmenschen - auch von anderen Borderlinern - als wahrnehmungsgestört empfunden."

*(A. Winter, ‚Heilung durch Erkenntnis',
Position 1321, eKindle Edition 2016)*

Lebenslange Traumatisierung und die Bedeutung von Stress

Die größte Erkenntnis, die ich aus Andreas Winters Buch entnehmen konnte, war, dass sich meine Traumatisierung nicht, wie bisher gedacht, wie ein roter Faden durch mein Leben zog, sondern in den ersten 36 Monaten nach meiner Zeugung passierte. Besonders faszinierend war die Erkenntnis, dass bereits in der dritten Schwangerschaftswoche der Embryo fühlt, was die Mutter fühlt. Ist die Mutter zum Beispiel in Dauerstress, wird auch der Kreislauf des Kindes permanent mit

Adrenalin versorgt. Das geht sogar soweit, dass ein Baby, welches die Mutter zum Beispiel durch Strampeln auf sich aufmerksam macht, traumatisiert werden kann, wenn es erlebt, dass sein Lebenszeichen bei der Mutter Stress auslöst, statt Freude, weil die Mutter zum Beispiel Angst vor der Geburt hat, sich Sorgen macht oder das Kind gar nicht möchte.

„Im Zeitraum von rund drei Monaten um die Geburt herum scheint die Sensitivität für Traumatisierungen sogar am höchsten zu sein."

(A. Winter, ‚Heilung durch Erkenntnis', Position 562, eKindle Edition 2016)

Mein Vater war und ist teilweise immer noch ein Chaot. Aus Erzählungen weiß ich, dass er eher unzuverlässig war und vor sich hingelebt hat, zwischen Wahnsinn und Genie hin und her pendelte und seine eigenen Wege ging. Meine Mutter war zu der Zeit durch die Schwangerschaft in einer Situation, in der sie ihrem Körper und ihrer Umgebung besonders ausgeliefert war, sicheren Halt gebraucht hätte, und stattdessen zwei Arbeitsstellen hatte und mehr oder weniger in einem fremden Land sich selbst ausgeliefert war und auch noch für meine ältere Schwester sorgte. Ich kann mir daher vorstellen, dass ich tagtäglich über ihr Blut über die

Nabelschnur mit einem Stresscocktail (Adrenalin, etc.) versorgt wurde.

Dies erklärt recht gut, warum ich fast jedes Mal, wenn ich meine Aufmerksamkeit in meinen Körper richte, bemerke, dass vor allem meine Schultern aber oft auch der ganze restliche Körper angespannt sind. Mein Körper lebt immer noch in diesem „Stresscocktail", eine weitere, für mich wichtige Erkenntnis. In „Borderline-Fachkreisen" heißt dieser Stress auch Spannung. Es ist ganz wichtig, sich der eigenen Spannung bewusst zu sein. Sie sollte immer schön unten sein, und spätestens wenn sie über gefährliche 70% steigt ist schon ein Notprogramm angesagt. Im „ungeübten" Fall ist es ein selbstschädigendes Programm, wie Suchtmittel, zu schnell fahren, das berühmte „Ritzen", Glücksspiel, Alkohol, etc. und im geübten Fall ist es eine Handlungskette, die langfristig nicht schadet. In meinem Fall: In den Ärmel schreien, „Schattenboxen", stampfen, wenn möglich Ball kneten, Lavendelduft (geht direkt ins limbische System, umgeht den Thalamus, durch den normalerweise alles durch muss), zeichnen und darüber sprechen. Diese Handlungskette wird auch Skillskette genannt und ich habe meine zuerst in meiner ersten ambulanten Gruppentherapie angedacht (2011) und während meines ersten stationären Klinikaufenthalts (2015) ausprobiert und eingeübt.

„Stress macht krank, weil er den Körper vergiftet und an der Arbeit hindert. Dauerstress sorgt für eine Übersäuerung des Körpers. Damit unser Blut nicht durch diese Übersäuerung aus seinem empfindlichen Säure-Basen-Gleichgewicht gebracht wird, greift der Körper zu diversen Hilfsmitteln. Dazu gehören Tumore und Pilze, die wie säuresaugende Schwämme funktionieren…"
(A. Winter, ‚Heilung durch Erkenntnis', Position 296, eKindle Edition 2016)

Habe ich schon erwähnt, dass meine Mutter, als ich ungefähr 10 Jahre alt war, an Hautkrebs erkrankte?

Selbstschädigende Verhaltensmuster

Ich habe einige selbstschädigende Verhaltensmuster, wie Überessen, Impulsivität und Instabilität, und vor allem, wie der Titel dieses Büchleins verrät, ein intelligentes Racheinstrument entwickelt.

Doch zurück zu meinen ersten drei Lebensjahren. Die Geburt, für eigentlich alle Menschen ein traumatisches Erlebnis, war in meinem Fall eine Zangen/ Vacuumgeburt. Ich kriege immer noch sehr leicht Kopfschmerzen, warum wohl?

Mein Vater war von der Sorte, die sehr liebt, aber halt meinte er kommt um 9 Uhr nach Hause und vier Tage später war er dann da. Streit mit Mutter, etc. dazwischen machte er uns Bananen in Schokoladesauce oder wir gingen auf ein Eis. Tausend Euro frage: Was sind meine Lieblingsspeisen? Bei Schokolade, Banane und Eis weiß ich wieder wie es ist, vom Papa geliebt zu werden.

Meine Mutter ließ sich das nicht so lange gefallen. Nach ständigem Hin und Her, suchte sie sich sogar eine andere Wohnung, trotzdem schneite der Papa mal rein mal wieder nicht. Aufgepasst haben auf mich alle möglichen Leute, da sie arbeiten gehen musste. Doch um meinen dritten Geburtstag kam der entscheidende Einschnitt. Meine Mutter lernte ihren jetzigen Mann, meinen Stiefvater kennen. Ich hasse ihn.

Und warum? Ab dem Moment war mein Vater Geschichte. Er durfte mich vom Stiefvater aus nicht einmal sehen, das verstand meine Mutter, er war halt eifersüchtig, sie nahm es wahrscheinlich unterbewusst sogar als Kompliment. Unter Löwen hätte er mich einfach tot gebissen, fremdes Kind. Doch für mich Dreijährige war die Rechnung ganz einfach. Papa weg und neuer, fremder, nicht-Papa schuld daran. Basta.

Und das wars meine Lieben. Auf dieser kurzen Geschichte baut sich meine nun über 30 Jahre lange Leidensgeschichte auf und mein gesamter, intelligenter Rachemechanismus war dafür ausgelegt, dass die Welt endlich versteht, wie es mir geht.

Fassen wir zusammen:
- In der Zeit, in der ich noch im wahrsten Sinne an meiner Mutter hing, bekam ich meistens Stresshormone über die Nabelschnur.
- Die Geburt war schwierig - sehr viel Schmerz und Stress
- Mein Papa war mal da mal weg, Mutter ebenso, musste sie doch arbeiten gehen
- Grande Finale: Papa verschwindet ganz, kein Papa mehr.

Außer, wenn ich Schokolade und Bananen esse… und Eis natürlich :) oder - seit diesem Buch - wenn ich mir vorstelle, dass er mich umarmt.

Entstehung der Symptome

„Wenn also ein Erlebnis durch unüberwindbaren Stress (wie der Verlust des Vaters) *zu einer enormen Machtlosigkeitserfahrung wurde, so wird dieser Eindruck zu einem Bestandteil eines konflikthaften Verhaltensmusters. Dieses Muster wird früh angelegt und möglicherweise erst nach Jahren „geweckt".*

(A. Winter, ‚Heilung durch Erkenntnis', Position 468, eKindle Edition 2016)

Diese konflikthafte Verhaltensmuster können wir auch gemäß Winter ‚Symptom‘ nennen. Und woher kommen die Symptome? Aus der Psyche. Die Psyche, das Steuerungsprogramm des Menschen, die Software, ist, laut Winter, ziemlich berechenbar da sie einem ziemlich einfachen Algorithmus (Berechnungsforschrift für ein Problem) folgt. Die Mutter aller Ängste, die Machtlosigkeit, gilt es um jeden Preis zu verhindern, dafür nimmt sie sogar den körperlichen Tod in Kauf, und produziert, zum Schutz, eben ‚Symptome‘, da das oberste Ziel der Psyche ihre Manifestation, ihre Fleischwerdung, bei minimalem Widerstand ist. Ist man also vollkommen machtlos, dem Leben ausgeliefert, kann man nicht mehr gestalten und kreieren, ist man im wahrsten Sinne lebensunfähig.

Ein Kleinkind kann sich kaum selbst umbringen, rational erklären, verteidigen, verstecken, ausziehen oder sonst etwas davon machen, was uns Erwachsenen zur Verfügung steht, aber die Psyche kann so einiges. Das „Spielchen", das meine Psyche generiert hat, ist ja im Vergleich zu anderen noch nahezu harmlos. Stimmen hören um nicht alleine zu sein, Verdrängen von ganzen Lebensphasen, Ereignissen, Persönlichkeitsspaltungen, Psychosen und wie sie alle heißen sind nur einige Beispiele.

"Ich gehe davon aus, dass ein Symptom einem intelligenten unterbewussten Muster folgt und daher mit einer Erkenntnis auch wieder therapiert werden kann."
(A. Winter, ‚Heilung durch Erkenntnis', Position 177, eKindle Edition 2016)

Und hier kommt auch schon meine nächste, große Erkenntnis. Meine Symptome sind gescheit, ausgeklügelt, fast schon bewundernswert, da ich dank dieser überlebt habe. Es hat mich quasi schon als Kind am Leben gehalten, väterliche Liebe über ein Kipferl mit Marmelade spüren zu können als ich keine andere Möglichkeit hatte, an väterliche Liebe zu gelangen.

Fassen wir nochmal zusammen:

- Ich überesse mich, um die Liebe meines Vaters zu spüren - Überessen
- Ich ändere stets meine Pläne und Absichten, um selbst diejenige zu sein, die abbricht und ändert und die anderen nicht erst mich „verlassen" oder „im Stich lassen" können - Instabilität
- Ich ‚hüpfe' in meinem Inneren schneller hin und her als es das Leben mir je wieder antun könnte - Impusivität

Klingt doch super? Dann könnte das doch so bleiben?

Erwachsen werden heilt

„Da die Logik der Symptome aber auf der Reife und der ‚Macht' eines Säuglings oder Kleinkindes basiert, welches sich vor der Wiederholung einer Traumatisierung schützen will und dieses Schutzmuster folglich im Unterbewussten konzipiert, wird ein Symptom immer deutlicher und stärker, je öfter die zu vermeidende Befürchtung eintritt. Je öfter ein Mensch re-traumatisiert wird, desto schlimmer wird seine Krankheit. Wenn Sie einfach nur Symptome bekämpfen, fürchtet der Mensch unterbewusst den Verlust seines Schutzkonzeptes - und das Symptom wird verschlimmert!"

*(A. Winter, ‚Heilung durch Erkenntnis',
Position 600, eKindle Edition 2016)*

Und nun kommt der Teil, für den ich meine
Mutter und meinen Stiefvater absolut
hasste und mich deswegen an ihnen
rächen wollte: sie ließen mich diese
Traumen immer und immer wieder
erleben, bis zum Höhepunkt in meinem 10
Lebensjahr. Da war ich dann schon
kapputt. Und verbrachte die restliche Zeit
damit, meine Mutter und meinen Stiefvater
zu hassen, mich zu hassen, alle
Menschen zu hassen, die dieses Leid in
mir wieder auslösten und entwickelte
Verhaltensmuster durch die ich alle um
mich herum spüren ließ, wie schlecht es
mir ging.

Kurz gesagt:

In den folgenden drei Jahren war ich in drei verschiedenen Ländern in drei verschiedenen Kindergärten, während der Volksschule wurde ich wie ein stinkender Ball ständig weitergereicht während Mutter und Stiefvater arbeiteten. Ich erlebte absolute Machtlosigkeit, immer und immer wieder. Und als ich mich endlich einfand, als ich Freunde fand, ein bis zwei Jahre an ein und der selben Schule verbrachte, packte mich mein Stiefvater ins Auto und brachte nach Wien, weil hier meine Mutter die notwendige Behandlung gegen ihren Krebs erhielt. Meine Freunde habe ich nie wieder gesehen und sie wissen vielleicht bis heute nicht was mit mir geschah.

Wenn ich meine Mutter oder meinen Stiefvater darauf anspreche wechseln sie das Thema es scheint ihnen sehr unangenehm zu sein. Alles was darauf folgte, die Selbstmordversuche, die Drogen, die vielen vielen Blödsinnigkeiten und Fehler die ich machte, bauten darauf. Sowie meine Borderline Diagnose aus dem Jahr 2011.

„Angesichts dieser Machtlosigkeit ist es absolut verständlich, wenn die Psyche ‚beschließt‘, sich von ihrem ‚Vehikel‘, dem Körper, baldigst zu ‚trennen“. … „Das Schlimmste, was der Psyche passieren kann, ist nicht der körperliche Tod, sondern der Verlust der Kontrolle über das Leben. Somit erklärt sich plötzlich jeder

Suizidversuch eines Menschen damit, dass er versucht, die Kontrolle über seine Existenz zu behalten…"
(A. Winter, ‚Heilung durch Erkenntnis', Position 468, eKindle Edition 2016)

Und hier, lieber Herr Winter, schienen sich unsere Wege zu trennen.

„Dann brauchen Sie nur noch dem Borderliner die Möglichkeit zu geben, durch bildhaftes Erleben die Biografie des Misshandlers nachzuvollziehen und damit zu erfahren, dass dieser selbst problembehaftet ist. Damit wird der Einfluss des Misshanders beschränkt. Auch er wird auf Augenhöhe zurückgestutzt und hat damit keine

emotionale Macht mehr über den Betroffenen. Dank dieser emotionalen Erfahrung empfindet der Borderliner Mitleid mit seinem Misshandler und kann ihm verzeihen."
(A. Winter, ‚Heilung durch Erkenntnis', Position 1344, eKindle Edition 2016)

Tja, davon weiß ich nichts. Oder wusste ich nichts bis…

Der große ‚Aha'-Effekt

… ich diesen Morgen aufwachte, und wieder mit unserem Hund zu tun bekam. Es war nämlich so, dass ich eigentlich gerädert von dem gestrigen ganztäglichen Schreiben und Lesen war, total k.o., und mich erst einmal um mich und meine Sorgen kümmern wollte. Und da war unser Hund. Nicht nur, hat sie in der Nacht auf den Boden gekackt, nein, sie wollte auch noch raus, und zwar sofort, und forderte das mit jaulender, hoher, nerviger Stimme ein. Und ich wurde genervt, erhob die Stimme gegen sie, räumte den Mist weg und grummelte dabei böse vor mich hin bis - der sogenannte „Aha-Effekt" bei mir eintrat. Genau so fühlten sich meine Mutter und mein Stiefvater! Eigentlich voll damit beschäftigt ihre eigenen Narben zu versorgen - beide aus Polen, Erstgeborene, meine Mutter erlebte noch kommunistische Nahrungsmittelknappheit mit Schlangestehen und Essensmarken und mein Stiefvater… tja, wuchs in einem

Dorf auf wo er nicht viel mehr wert war als die Kühe im Hof. Oder vielleicht sogar auch nur dann, wenn er im Haushalt mithalf. Also - die beiden, voll beschäftigt damit, ihre eigenen Narben und Traumen zu versorgen, und da war ich. Nervig, weinend, jaulend, stets irgendwas fordernd und nie zufrieden. Daweil ging es mir vergleichsweise viel besser als ihnen, alles im Überfluss, ich war in einem kapitalistischen Land, hatte alles was ich brauchte, und jetzt wo ich darüber nachdenke, fällt mir auf, dass das so ziemlich genau das war, was sie mir immer zu sagen versuchten. Doch ich, ich war auch noch so ein undankbarer Fratz und machte ihnen das Leben unnötig schwer. So wie mir die Molly mit ihrem

Scheißhaufen mitten im Vorzimmer. Und es machte „klick".

„… - hier sieht man jedenfalls, dass eine Erkenntnis innerhalb von Sekunden die gesamte Denkweise über ein Problem verändern kann. Dieses wohlbekannte Phänomen nennt sich auch „Aha-Effekt".
(A. Winter, ‚Heilung durch Erkenntnis',
Position 390, eKindle Edition 2016)

Es ist doch so einfach, lieber Herr Winter.

„Wer absichtlich nicht trotzt, der ist wirklich frei."
(A. Winter, ‚Heilung durch Erkenntnis',
Position 1136, eKindle Edition 2016)

Nachwort

Zur Risiken und Nebenwirkungen fragen Sie Ihren Arzt oder Apotheker. Ich befand mich die letzten fünf Jahre mehr oder weniger in professionellen Händen, mache immer noch einmal die Woche ambulante Verhaltenstherapie und werde damit sicher nicht spontan und impulsiv aufhören. Ich war, wie bereits erwähnt, auch schon in stationärer Behandlung in einer Klinik für Psychosomatik, weil ich teilweise nicht mehr alleine zurecht kam.

Ich hoffe jetzt einfach, dass der Effekt anhält, ich fühle mich zum großen Teil von meinen Symptomen geheilt, sie machen zumindest Sinn und ich bin mir ihrer bewusst. Da Andreas Winter den

Anspruch auf ‚sofortige Ergebnisse‘ aussprach, und ich diese nun nahezu eins zu eins an mir selbst erleben konnte, beschloss ich, diese hier festzuhalten.

Claudia Szytniewski
Wien, am 29. Dezember 2016